2017年
农村创业创新政策简明读本

农业部农产品加工局
农业部农村社会事业发展中心
组织编写

中国农业出版社

图书在版编目（CIP）数据

2017年农村创业创新政策简明读本 / 农业部农产品加工局，农业部农村社会事业发展中心组织编写．—北京：中国农业出版社，2017.6

ISBN 978-7-109-23062-0

Ⅰ．①2… Ⅱ．①农… ②农… Ⅲ．①农业政策—研究—中国 Ⅳ．①F320

中国版本图书馆CIP数据核字（2017）第125442号

中国农业出版社出版
（北京市朝阳区麦子店街18号楼）
（邮政编码 100125）
责任编辑 闫保荣

中国农业出版社印刷厂印刷 新华书店北京发行所发行
2017年6月第1版 2017年6月北京第1次印刷

开本：880mm×1230mm 1/32 印张：2.875
字数：50千字
定价：10.00元

编 辑 委 员 会

前　　言

近年来，大众创业万众创新成为推动经济发展的新引擎和实施创新驱动发展战略的重要抓手。农村创业创新是大众创业万众创新的重要组成部分，也是推进农业供给侧结构性改革、培育农业农村发展新动能的重要举措。党中央、国务院及有关部门对推进农村创业创新非常重视，相继出台了《国务院关于大力推进大众创业万众创新若干政策措施的意见》、《国务院办公厅关于支持返乡下乡人员创业创新促进农村一二三产业融合发展的意见》、《国务院关于扶持小型微型企业健康发展的意见》等文件，对农村创业创新给予政策支持。

为帮助广大返乡下乡创业创新人员更好地了解国家有关政策，同时指导有关部门更好地开展工作，我们组织专家对相关政策进行了解读，形成了这个小册子，希望对大家有所帮助。

由于时间仓促，水平有限，不妥之处，敬请广大读者批评指正。电子信箱：nmcycx@163.com。

编　者

2017年5月

前　言

目　录

一、为啥要鼓励和支持返乡下乡人员创业创新？

【政策表述】

返乡下乡人员创业创新，有利于将现代科技、生产方式和经营理念引入农业，提高农业质量效益和竞争力；有利于发展新产业新业态新模式，推动农村一二三产业融合发展；有利于激活各类城乡生产资源要素，促进农民就业增收。（国办发〔2016〕84 号）

【政策解读】

近年来，随着大众创业、万众创新的不断深入推进，越来越多的农民工、大学生、退役士兵、科技人员、城镇居民甚至“海归”人员到农村创业创新，我们把他们称呼为“城归”，形成了一股新的返乡下乡创业潮。除了政策好以外，主要原因有三个：一是不断完善的基础设施使农村的吸引力大大增强，乡情、乡愁的张力越拉越紧，呼唤着游子的归来；二是城乡居民消费升级，优质绿色农产品供不应求，乡村的价值洼地需要被填平；三是推进供给侧结构性改革出现了无限的商机，巨大的利润空间吸引了越来越多的人选择返乡下乡创业。大家到农村创业创新，有利于将现代科技、生产方式和经营理念引入农业，为农业注入了新要素，提高农业质量效益和竞争力；有利于发展新产业新业态新模式，推动农村一二三产业融合发展，为农村经济发展增强了新动能；有利于激活各类城乡生产资源要素，使城乡要素双向流动和平等交换，为农民就业增收开辟了新渠道；有利于引领和推动农民按照市场的要求组织生产和调整结构，增强生产对市场的适应性，为农业供给侧结构性改革提供了新力量。返乡下乡人员在实现自身价值的同时，也推动了现代农业发展，增加了农民收入，加快了社会主义新农村建设，赢得了政府的支持、社会的关注和广大农民的欢迎。

二、创业项目如何找？

【政策表述】

重点发展规模种养业、特色农业、设施农业、林下经济、庭院经济等农业生产经营模式，烘干、贮藏、保鲜、净化、分等分级、包装等农产品加工业，农资配送、耕地修复治理、病虫害防治、农机作业服务、农产品流通、农业废弃物处理、农业信息咨询等生产性服务业，休闲农业和乡村旅游、民族风情旅游、传统手工艺、文化创意、养生养老、中央厨房、农村绿化美化、农村物业管理等生活性服务业，以及其他新产业新业态新模式。（国办发〔2016〕84号）

【政策解读】

农业农村商机无限，广阔天地，大有作为。返乡下乡人员要结合自身优势和特长，根据市场需求和当地资源禀赋，利用新理念、新技术和新渠道，开发农业农村资源，发展优势特色产业，在获得效益的同时，也能繁荣农村经济。在选择项目时，要与推进农业现代化的大目标结合起来，围绕推进农业供给侧结构性改革这个主线开展。要坚持以市场需求为导向，结合当地资源和自身优势，做到“三个对接”。一是主动对接新一轮优势农产品区域布局规划和特色农产品优势区建设。积极发展规模种养业、特色农业和设施农业；发展农产品烘干、贮藏、保鲜、净化、分等分级、包装、营销等农产品加工流通业，引导开发营养安全、美味健康、方便实惠的加工食品。二是主动对接农业新产业新业态。发展升级版农家乐、采摘园和休闲农业聚集村，提升休闲农业和乡村旅游的产品和服务档次，把农业打造成养眼洗肺、健康养生的幸福产业；发展农村电商、文化创意、养生养老、中央厨房、农村绿化美化等生产性生活性服务业和各类新产业新业态新模式。三是主动对接农村一二三产业融合发展。让农业生产接二连三，三次产业互动，形成良好的产业分工和利益分配关系，让农民参与产业发展并分享二三产业增值收益。农业部门对选择什么产业、怎么进行经营，主要是按照产业发展规划并结合当地实际，帮助搞好市场分析、政策咨询和项目论证，引导发展既符合市场需求、又能发挥优势的特色化、小众化、中高端、高附加值农产品，提高创业创新质量和效益。

三、创业方式有哪些？

【政策表述】

鼓励和引导返乡下乡人员按照法律法规和政策规定，通过承包、租赁、入股、合作等多种形式，创办领办家庭农场林场、农民合作社、农业企业、农业社会化服务组织等新型农业经营主体。通过聘用管理技术人才组建创业团队，与其他经营主体合作组建现代企业、企业集团或产业联盟，共同开辟创业空间。通过发展农村电商平台，利用互联网思维和技术，实施“互联网＋”现代农业行动，开展网上创业。通过发展合作制、股份

合作制、股份制等形式，培育产权清晰、利益共享、机制灵活的创业创新共同体。（国办发〔2016〕84号）

【政策解读】

返乡下乡人员到农村创业创新，要顺应农村经营体制改革创新的大方向，与培育新型职业农民、构建新型农业经营体系、推进适度规模经营结合起来。要通过联合与合作的方式，而不是“唱独角戏”、“跑单帮”的方式开展创业创新。在组织形式和经营方式上，可以与农民合作，创办、领办农村合作组织，通过承包、租赁、入股等方式，不仅要自己富起来，也要带动更多农民富起来；也可以利用农村电商平台，开展网上创业；还可以与其他农村经营主体（包括企业、村集体、合作组织）合作，创办农业企业和各类相关产业，成为新产业新业态新模式的引领者；还可以通过开展网上营销，打造特色品牌等赢得市场、分散风险，形成创业创新的命运共同体。

四、创业手续怎么办？

1. 我想开个公司，如何进行注册登记？

【政策表述】

全面实行“一套材料、一表登记、一窗受理”的工作模式，申请人办理企业注册登记时只需填写“一张表格”，向“一个窗口”提交“一套材料”。登记部门直接核发加载统一社会信用代码的营业执照，相关信息在全国企业信用信息公示系统公示，并归集至全国信用信息共享平台。企业不再另行办理社会保险登记证和统计登记证。积极推进“五证合一”申请、受理、审查、核准、发照、公示等全程电子化登记管理，加快实现“五证合一”网上办理。（国办发〔2016〕53号）

【政策解读】

你只要携带一套材料，填写一张《新设企业五证合一登记申请表》，提交给工商部门窗口，经审核合格后，直接给你核发营业执照。工商部门负责把你注册的企业信息共享给其他部门。目前，营业执照、组织机构代码证、税务登记证、社会保险登记证和统计登记证“五证合一”，登记注册只需办理营业执照即可。国家正在推进“五证合一”全程电子化登记管理，登记注册网上办理实施后，你就不必再去工商部门窗口，在网上就可以注册登记。所有证照办理手续费全免，所需费用均由财政买单。

2. 没有专门的办公地方，还能创办企业吗？

【政策表述】

（1）推动住所登记制度改革，积极支持各地放宽住所（经营场所）登记条件。（国办发〔2016〕84号）

（2）降低返乡创业门槛，简化创业住所（经营场所）登记手续。（国办发〔2015〕47号）

（3）落实《注册资本登记制度改革方案》，放宽电子商务市场主体住所（经营场所）登记条件。（国发〔2015〕24号）

（4）简化住所（经营场所）登记手续，申请人提交场所合法使用证明即可予以登记。（国发〔2014〕26号）

【政策解读】

现在国家已经放宽了住所（经营场所）的规定，只要是拥有或者合法使用的住所（经营场所），都可以作为创办企业的地址登记注册。

3. 一个地址，是否能注册多个企业？

【政策表述】

（1）降低返乡创业门槛。深化商事制度改革，落实注册资本登记制度改革，优化返乡创业登记方式，简化创业住所（经营场所）登记手续，推动“一址多照”、集群注册等住所登记制度改革。放宽经营范围，鼓励返乡农民工等人员投资农村基础设施和在农村兴办各类事业。（国办发〔2015〕47号）

（2）支持各地结合实际放宽新注册企业场所登记条件限制，推动“一址多照”、集群注册等住所登记改革，为创业创新提供便利的工商登记服务。（国发〔2015〕32号）

【政策解读】

“一址多照”指的是同一地址可作为两个或两个以上企业的经营场所登记注册，核发两个或两个以上的营业执照。也就是说，你的企业可以和其他企业共同在一个经营场所登记注册。办理“一址多照”需要符合以下条件：一是经营场所在同一地址的企业应当具备投资关系，为同一投资人申办，且适宜同址经营。二是企业在市场或商场内租赁摊位或柜台，该市场、商场的场所地址可作为数个企业的经营场所进行注册登记。三是入驻微企孵化园的微型企业，可以该微企孵化园的地址作为经营场所进行注册登记。四是入驻产业园区的企业，由管委会统一提供办公场所的，可以该产业园管委会的地址作为经营场所进行注册登记。

4. 我要创业，办理注册登记有什么绿色通道吗?

（1）降低创新创业门槛。深化商事制度改革，针对众创空间等新型孵化机构集中办公等特点，鼓励各地结合实际，简化住所登记手续，采取一站式窗口、网上申报、多证联办等措施为创业企业工商注册提供便利。（国办发〔2015〕9 号）

（2）县级人民政府要设立“绿色通道”，为返乡下乡人员创业创新提供便利服务，对进入创业园区的，提供有针对性的创业辅导、政策咨询、集中办理证照等服务。对返乡下乡人员创业创新免收登记类、证照类等行政事业性收费。（国办发〔2016〕84 号）

【政策解读】

县级政府要设立返乡下乡创业“绿色通道”，你可以在工商注册一个窗口享受办理注册登记等程序的便利服务。如果你在创业园区内创业，工商等部门直接到园区集中办理证照，你还可以申请政策咨询、创业辅导等服务。注册登记时还可以免交登记类、证照类等行政事业性收费。

5. 什么是“先照后证”、“一照一码”?

【政策表述】

落实注册资本认缴登记和“先照后证”改革，在现有“三证合一”登记制度改革成效的基础上大力推进“五证合一、一照一码”登记制度改革。（国办发〔2016〕84号）

【政策解读】

“先照后证”是指先申领营业执照后办理有关许可证，许可证不再成为工商登记注册的前置手续。“一照一码”：“一照”即营业执照，具有原营业执照、组织机构代码证、税务登记证、社保登记证和刻章许可证的功能。“一码”即18位的统一社会信用代码。也就是说，你只需要办理一个营业执照，即可拥有一个代表你企业信息的统一社会信用代码，不会和别的企业重复。

五、金融机构有什么服务?

1. 农村承包土地的经营权可以抵押贷款吗?

【政策表述】

稳妥有序推进农村承包土地的经营权抵押贷款试

点，有效盘活农村资源、资金和资产。（国办发〔2016〕84号）

【政策解读】

全国正在进行农村集体土地承包经营权确权登记颁证工作，推进土地所有权、承包权和经营权“三权分置”，目的是把土地资源盘活为土地资产。目前正在部分地区开展试点，相信在不久的将来，你就可以用土地承包经营权来进行抵押贷款了。

2. 除了土地外，还有什么可以用来抵押贷款?

【政策表述】

鼓励银行业金融机构开发符合返乡下乡人员创业创新需求的信贷产品和服务模式，探索权属清晰的包括农业设施、农机具在内的动产和不动产抵押贷款业务，提升返乡下乡人员金融服务可获得性。（国办发〔2016〕84号）

【政策解读】

你的房屋、宅基地、农业设施、农机具等动产和不动产，只要权属清晰，没有权属纠纷，基本都可以作为抵押物在银行获得贷款，具体情况需要咨询你要贷款的金融机构。

3. 农村创业可以信用贷款吗?

【政策表述】

（1）推进农村普惠金融发展，加强对纳入信用评价体系返乡下乡人员的金融服务。（国办发〔2016〕84号）

（2）落实县域金融机构涉农贷款增量奖励政策。加快建立覆盖全国的农业信贷担保体系。（国办发〔2016〕87号）

（3）把返乡下乡人员开展农业适度规模经营所需贷款纳入全国农业信贷担保体系。（国办发〔2016〕87号）

【政策解读】

国家正在逐步建立覆盖全国的农业信贷担保体系。如果个人或企业纳入了金融机构的信用评价体系，信用度达到标准要求，就可能会得到相关金融机构的信用贷款。具体执行措施请咨询当地有关金融机构。

4. 农村创业有哪些贷款?

【政策表述】

重点支持发展农户小额贷款、新型农业经营主体贷

款、种养业贷款、粮食市场化收购贷款、农业产业链贷款、大宗农产品保险、林权抵押贷款等。（国办发〔2016〕87号）

【政策解读】

在农村创业，有农户小额贷款、新型农业经营主体贷款、种养业贷款、粮食市场化收购贷款、农业产业链贷款、大宗农产品保险、林权抵押贷款等几种贷款方式。

其中：小额贷款是在核定的额度和期限内向农户发放的不需要抵押、担保的贷款。也就是说，申请小额贷款的时候不需要向银行递交类似农机具或者土地经营权类的抵押品。直接申请就可以。信用社小额信用贷款借款人必须满足以下条件：

（1）社区内的农户或个体经营户，具有完全民事行为能力；

（2）信用观念强、资信状况良好；

（3）从事土地耕作或其他符合国家产业政策的生产经营活动，并有可靠收入；

（4）家庭成员中必须有具有劳动生产或经营管理能力的劳动力。

六、创业税费有什么优惠?

【政策表述】

(1)落实定向减税和普遍性降费政策。农民工等人员返乡创业,符合政策规定条件的,可适用财政部、国家税务总局《关于小型微利企业所得税优惠政策的通知》(财税〔2015〕34号)、《关于进一步支持小微企业增值税和营业税政策的通知》(财税〔2014〕71号)、《关于对小微企业免征有关政府性基金的通知》(财税〔2014〕122号)和《人力资源社会保障部财政部关于调整失业保险费率有关问题的通知》(人社部发〔2015〕24号)的政策规定,享受减征企业所得税、免征增值税、营业税、教育费附加、地方教育附加、水利建设基金、文化事业建设费、残疾人就业保障金等税费减免和降低失业保险费率政策。各级财政、税务、人力资源社会保障部门要密切配合,严格按照上述政策规定和《国务院关于税收等优惠政策相关事项的通知》(国发〔2015〕25号)要求,切实抓好工作落实,确保优惠政策落地并落实到位。(国办发〔2015〕47号)

(2)切实落实好定向减税和普遍性降费政策。(国

办发〔2016〕87号）

【政策解读】

你创办的企业如果符合政策规定条件，可享受减征企业所得税、免征增值税、营业税、教育费附加、地方教育附加、水利建设基金、文化事业建设费、残疾人就业保障金等税费减免和降低失业保险费率等税费优惠政策。

近年来，财政部也不断落实各项税收优惠政策，一是在农村金融方面，自2016年5月1日起，在营改增试点期间，农村信用社、村镇银行、农村资金互助社、由银行业机构全资发起设立的贷款公司、法人机构在县及县以下地区的农村合作银行和农村商业银行提供金融服务收入，可以选择适用简易计税方法按照3%征收率计算缴纳增值税；对中国农业银行纳入“三农金融事业部”改革试点的县域支行提供农户贷款、农村企业和农村各类组织贷款取得的利息收入，可以选择适用简易计税方法按照3%的征收率计算缴纳增值税；中国农业发展银行总行及其各分支机构提供涉农贷款取得的利息收入，可以选择适用简易计税方法按照3%的征收率计算缴纳增值税；2016年12月31日前，对金融机构农户小额贷款利息收入免征增值税，对中和农信项目管理有限公司和中国扶贫基金会举办的农户自立服务社以及中和农信项目管理有限公司独资成立的小额贷款公司从事农户小额贷款取得的利息收入，免征增值税；自 2011 年 11 月 1 日至 2017 年 12 月 31 日，对金融机构与小型、微型企业签订的借款合同免征印花税。二是在科技创新方面，对高新技术企业减按 15%税率征收企业所得税，实行研发费用税前加计扣除，对符合条件的股权激励和技术入股递延纳税等。三是在小微企业方面，年应纳税所得额 30 万元以下的小型微利企业均可依法享受减半征收企业所得税的优惠，并将于 2017 年按照国务院统一部署，把上限提高到 50 万元。四是在创业就业方面，明确对符合条件从事个体经营的人员，自其在工商部门首次注册登记之日起 3 年内免收管理类、登记类和证照类等有关行政事业性收费。

七、创业用地有什么政策?

1. 想创业，如何得到创业用地?

【政策表述】

（1）标准厂房用地按工业用途管理，国家大学科技园、科技企业孵化器实行只租不售、租金管制、租户审核、转让限制的，其用地可按科教用途管理。创办三年内租用经营场所的小型微型企业，投资项目属于新产业、新业态的，可给予一定比例的租金补贴。（国土资规〔2015〕5号）

（2）新产业项目用地符合《划拨用地目录》的，可以划拨供应。积极推行先租后让、租让结合供应方式。出让土地依法需以招标拍卖挂牌方式供应的，在公平、公正、不排除多个市场主体竞争的前提下，可将投资和产业主管部门提出的产业类型、生产技术、产业标准、产品品质要求作为土地供应前置条件；以先租后让等方式供应土地涉及招标拍卖挂牌的，招标拍卖挂牌程序也可在租赁供应时实施，租赁期满符合条件的可转为出让土地。（国土资规〔2015〕5号）

（3）鼓励返乡下乡人员依法以入股、合作、租赁等形式使用农村集体土地发展农业产业，依法使用农村集体建设用地开展创业创新。（国办发〔2016〕87号）

（4）鼓励利用"四荒地"（荒山、荒沟、荒丘、荒滩）和厂矿废弃地、砖瓦窑废弃地、道路改线废弃地、闲置校舍、村庄空闲地等用于返乡下乡人员创业创新。（国办发〔2016〕84号）

（5）加快创业基地建设。要充分利用经批准的各类工业园区或闲置厂房、楼宇等建设创业基地，完善公共服务设施，提高服务质量，切实缓解创业场地难、创业成本高等问题。（工信部企业〔2015〕167 号）

【政策解读】

农村创业创新用地有以下几种方式：一是采用先租后让、租让结合的供应方式。以先租后让等方式取得土地涉及招标拍卖挂牌的，招标拍卖挂牌程序也可在租赁供应时实施，租赁期满符合条件的可转为出让土地。二是依法以入股、合作、租赁等形式使用农村集体土地。三是利用“四荒地”（荒山、荒沟、荒丘、荒滩）和厂矿废弃地、砖瓦窑废弃地、道路改线废弃地、闲置校舍、村庄空闲地等。四是利用经批准的园区获得用地，或者利用闲置、废弃厂房、楼宇来创业。

2. 国家对创业基地等有什么资金支持?

【政策表述】

（1）加大中小企业专项资金对小企业创业基地（微型企业孵化园、科技孵化器、商贸企业集聚区等）建设的支持力度。鼓励大中型企业带动产业链上的小型微型企业，实现产业集聚和抱团发展。（国发〔2014〕52 号）

（2）鼓励国家级经开区综合运用政府购买服务、无偿资助、业务奖励等方式，对众创空间等新型孵化机构的房租、宽带接入和用于创业服务的公共软件、开发工具等费用给予适当财政补贴。（国办发〔2016〕14 号）

【政策解读】

一是国家中小企业专项资金支持小企业创业基地的建设。二是国家级经开区通过政府购买服务、无偿资助、业务奖励等方式，对创业孵化机构的房租、宽带接入、用于创业服务的公共软件和开发工具等费用给予适当财政补贴。

3. 农村基础设施投资创业，用地有什么政策？

【政策表述】

保障社会资本获得合理投资回报。对农村基础设施项目在用电、用地等方面优先保障。（国办发〔2017〕17 号）

【政策解读】

对农村基础设施项目在用电、用地等方面给予优先保障。

4. 我们创办的企业是当地的重点产业或者是农林牧渔行业，用地有哪些优惠政策？

【政策表述】

（1）各地可结合地方实际，确定当地重点发展的新产业，以“先存量、后增量”的原则，优先安排用地供应。对新产业发展快、用地集约且需求大的地区，可适度增加年度新增建设用地指标。（国土资规〔2015〕5号）

（2）属于非农业态的农民工返乡创业园，应按照城乡规划要求，结合老城或镇村改造、农村集体经营性建设用地或农村宅基地盘整进行开发建设。属于农林牧渔业态的农民工返乡创业园，在不改变农地、集体林地、草场、水面权属和用途前提下，允许建设方通过与权属方签订合约的方式整合资源开发建设。（国办发〔2015〕47号）

【政策解读】

如果创业的产业是当地重点发展的新产业，会优先得到创业用地的安排。对于农民工返乡创业园用地，应当区分两种情况：一是非农业态的农民工返乡创业园，只能结合老城或镇村改造、农村集体经营性建设用地或农村宅基地盘整进行开发建设；二是农林牧渔业态的农民工返乡创业园，在不改变农地、集体林地、草场、水面权属和用途前提下，可以通过与权属方签订合约的方式整合资源开发建设。

5. 返乡下乡人员创业用地，有什么政策？

【政策表述】

各省（自治区、直辖市）可以根据本地实际，制定管理办法，支持返乡下乡人员依托自有和闲置农房院落发展农家乐。在符合农村宅基地管理规定和相关规划的前提下，允许返乡下乡人员和当地农民合作改建自住房。县级人民政府可在年度建设用地指标中单列一定比例专门用于返乡下乡人员建设农业配套辅助设施。城乡建设用地增减挂钩政策腾退出的建设用地指标，以及通过农村闲置宅基地整理新增的耕地和建设用地，重点支持返乡下乡人员创业创新。（国办发〔2016〕84 号）

【政策解读】

返乡下乡人员创业用地可以通过以下方式获得：一是你可以使用自己在农村的住房或者其他农民闲置的房子和院子来发展农家乐。二是如果你在农村没有住房，只要符合农村宅基地管理规定和相关规划，你可以与当地农民合作改建自住房用于创业。三是如果你的企业需要建设农业配套辅助设施用地，可以在县级人民政府年度建设用地指标中进行申请。四是你可以申请城乡建设用地增减挂钩政策腾退出的建设用地指标，以及通过农村闲置宅基地整理新增的耕地和建设用地指标。

6. 农林牧渔业产品初加工项目用地有什么政策？

【政策表述】

农林牧渔业产品初加工项目在确定土地出让底价时可按不低于所在地土地等别相对应全国工业用地出让最低价标准的70％执行。（国办发〔2016〕84号）

【政策解读】

如果你创办的项目属于农林牧渔业产品初加工项目，最低可以按照同等工业用地出让最低价的70％的价格拿到土地。

八、创业用电有什么政策？

【政策表述】

返乡下乡人员发展农业、林木培育和种植、畜牧业、渔业生产、农业排灌用电以及农业服务业中的农产品初加工用电，包括对各种农产品进行脱水、凝固、去籽、净化、分类、晒干、剥皮、初烤、沤软或大批包装以供应初级市场的用电，均执行农业生产电价。（国办发〔2016〕84号）

【政策解读】

你创办的企业从事农业、林木培育和种植、畜牧业、渔业生产、农业排灌用电以及农业服务业中的农产品初加工用电，包括对各种农产品进行脱水、凝固、去籽、净化、分类、晒干、剥皮、初烤、沤软或大批包装以供应初级市场的用电，都算作是农业用电，可以按照农业用电来算电费。

九、国家财政有什么支持？

1. 返乡创业，国家有什么财政资金支持？

【政策表述】

加快将现有财政政策措施向返乡下乡人员创业创新拓展，将符合条件的返乡下乡人员创业创新项目纳入强农惠农富农政策范围。新型职业农民培育、农村一二三产业融合发展、农业生产全程社会化服务、农产品加工、农村信息化建设等各类财政支农项目和产业基金，要将符合条件的返乡下乡人员纳入扶持范围，采取以奖代补、先建后补、政府购买服务等方式予以积极支持。大学生、留学回国人员、科技人员、青年、妇女等人员创业的财政支持政策，要向返乡下乡人员创业创新延伸覆盖。（国办发〔2016〕84号）

【政策解读】

众所周知，“三农”工作是党和政府全部工作的“重中之重”，国家对“三农”的支持政策、资金和项目有很多。一是你到农村创业，如果在新型职业农民培育、农村一二三产业融合发展、农业生产全程社会化服务、农产品加工、农村信息化建设等范围内，可以申请相关的财政支农项目和产业基金的支持。如果符合条件，地方政府会通过以奖代补、先建后补、政府购买服务等方式对你予以支持。二是过去只适用于在城市创业的财政支持政策，如今也可以支持你到农村创业。三是如果你创办的是开展适度规模经营的农业企业或者农民专业合作社，在办理银行贷款时可以由全国农业信贷担保体系来为你提供担保服务。

2016年，财政部安排中央财政13.86亿元用于新型职业农民培训；安排中央财政资金12亿元，选择部分省份开展农村一二三产业融合发展试点。下一步，中央财政拟进一步加大资金投入力度，继续支持深入开展相关工作，进一步发挥试点示范作用，提高农村创新和农民创业能力。

2. 我创办的企业符合支农惠农资金、小微企业发展资金等其他扶持政策规定条件，有什么政策?

【政策表述】

对具备各项支农惠农资金、小微企业发展资金等其他扶持政策规定条件的，要及时纳入扶持范围，便捷申请程序，简化审批流程，建立健全政策受益人信息联网查验机制。（国办发〔2015〕47号）

【政策解读】

如果你创办的企业符合支农惠农资金、小微企业发展资金等其他扶持政策规定条件，可以享受便捷的申请程序、简化的审批流程，通过网上信息查验，尽快得到相关政策资金扶持。

十、创业本领怎么学?

1. 可以通过哪些渠道学习创业知识?

【政策表述】

（1）实施农民工等人员返乡创业培训五年行动计划和新型职业农民培育工程、农村青年创业致富“领头雁”计划、贫困村创业致富带头人培训工程，开展农村妇女创业创新培训，让有创业和培训意愿的返乡下乡人员都能接受培训。建立返乡下乡人员信息库，有针对性地确定培训项目，实施精准培训，提升其创业能力。地方各级人民政府要将返乡下乡人员创业创新培训经费纳入财政预算。鼓励各类培训资源参与返乡下乡人员培训，支持各类园区、星创天地、农民合作社、中高等院校、农业企业等建立创业创新实训基地。采取线上学习与线下培训、自主学习与教师传授相结合的方式，开辟培训新渠道。（国办发〔2016〕84 号）

（2）强化返乡农民工等人员创业培训工作。紧密结合返乡农民工等人员创业特点、需求和地域经济特色，编制实施专项培训计划，整合现有培训资源，开发有针对性的培训项目，加强创业师资队伍建设，采取培训机构面授、远程网络互动等方式有效开展创业培训，扩大培训覆盖范围，提高培训的可获得性，并按规定给予创业培训补贴。（国办发〔2015〕47号）

【政策解读】

国家支持农村创业创新的培训项目有很多，如：农民工等人员返乡创业培训五年行动计划、新型职业农民培育工程、农村青年创业致富“领头雁”计划、贫困村创业致富带头人培训工程、农村妇女创业创新培训等，还有各类园区、星创天地、农民合作社、中高等院校、农业企业等建立的创业创新实训基地，都可以培训。你可以通过线上学习与线下培训、自主学习与教师传授、培训机构面授、远程网络互动等方式参加培训。可以说，如果你希望参加创业培训，只要提出申请，地方政府就可以安排你参加至少一次的免费培训。甚至在你创业的全过程中，为你提供一对一的技术指导，你不花钱或花很少的钱。

2. 创业培训的老师有哪些？

【政策表述】

（1）建立健全创业辅导制度，加强创业导师队伍建设，从有经验和行业资源的成功企业家、职业经理人、电商辅导员、天使投资人、返乡创业带头人当中选拔一批创业导师，为返乡创业农民工等人员提供创业辅导。（国办发〔2015〕47 号）

（2）强化创业创新培训。要利用各类创业创新培训资源，创新培训模式，开发针对不同创业创新群体、创业创新活动特点的创业创新培训项目，帮助创业者提高创业创新能力和知识产权、质量品牌意识，使他们敢于创业创新、能够创业创新。要建立健全创业辅导制度，培育一批专业创业辅导师，建立一支创业辅导师资队伍，加强创业辅导，开展贴身帮扶，提高创业创新成功率。鼓励有条件的地区组织军转民技术培训及政策解读，支持中小企业运用军转民技术创业创新发展。（工信部企业〔2015〕167 号）

【政策解读】

创业培训的老师主要来源有两个方面：一是从有经验和行业资源的成功企业家、职业经理人、电商辅导员、天使投资人、返乡创业带头人当中选拔一批创业导师。二是培育一批专职的专业创业辅导师，建立一支创业辅导师资队伍。创业导师对返乡创业农民工等人员进行创业辅导，开展贴身帮扶，帮助创业者提高创业创新能力和知识产权、质量品牌意识，确保创业创新成功。

3. 创业想实习，该怎么办？

【政策表述】

（1）支持返乡创业培训实习基地建设，动员知名乡镇企业、农产品加工企业、休闲农业企业和专业市场等为返乡创业人员提供创业见习、实习和实训服务，加强输出地与东部地区对口协作，组织返乡创业农民工等人员定期到东部企业实习，为其学习和增强管理经验提供支持。（国办发〔2015〕47号）

（2）搭建农村青年创业见习平台，依托农业企业、涉农高校和科研院所，指导创建农村青年创业园区，为农村青年提供实习见习、创业实训或孵化等服务。（农办加〔2015〕17号）

【政策解读】

各地会依托知名乡镇企业、农产品加工企业、休闲农业企业和专业市场等逐步建立一批农村创业创新实训、实习基地，为你提供相应的实习、见习机会。在此之前，你可以到这些东部企业实习，还可以去依托农业企业、涉农高校和科研院所等创建的农村青年创业园区进行实习见习、创业实训。

4. 在贫困村创业，想培训，该怎么办？

【政策表述】

发挥好驻贫困村“第一书记”和驻村工作队作用，帮助开展返乡农民工教育培训，做好贫困乡村创业致富带头人培训。（国办发〔2015〕47 号）

【政策解读】

你可以去找驻贫困村“第一书记”和驻村工作队，他们会帮助你去参加创业培训。你也可以参加返乡农民工教育和贫困乡村创业致富带头人培训。

十一、社会保障有什么？

1. 返乡创业如何参加社会保险？

【政策表述】

返乡下乡人员可在创业地按相关规定参加各项社会保险，有条件的地方要将其纳入住房公积金缴存范围，按规定将其子女纳入城镇（城乡）居民基本医疗保险参保范围。（国办发〔2016〕84 号）

【政策解读】

你可以按当地规定提交相关材料参加各项社会保

险，如果当地条件允许，你还可以缴纳住房公积金，你的子女也可以享受城镇（城乡）居民基本医疗保险。

2. 我们去创业都有哪些社会保障?

【政策表述】

统筹考虑社保、住房、教育、医疗等公共服务制度改革，及时将返乡创业农民工等人员纳入公共服务范围。依托基层就业和社会保障服务平台，做好返乡人员创业服务、社保关系转移接续等工作，确保其各项社保关系顺畅转移接入。及时将电子商务等新兴业态创业人员纳入社保覆盖范围。探索完善返乡创业人员社会兜底保障机制，降低创业风险。深化农村社区建设试点，提升农村社区支持返乡创业和吸纳就业的能力，逐步建立城乡社区农民工服务衔接机制。（国办发〔2015〕47号）

【政策解读】

国家给予创业者强有力的政策保障：一是你可以享受社保、住房、教育、医疗等公共服务，及时办理各项社保关系转移接续。二是电子商务等新兴业态创业人员可以参加各项社保。三是享受社会兜底保障。四是接受农村社区服务。

3. 创业失败，有什么政策？

【政策表述】

对返乡下乡人员初始创业失败后生活困难的，可按规定享受社会救助。（国办发〔2016〕84 号）

【政策解读】

如果你初始创业失败，可以按照国家的规定享受社会救助，得到基本生活保障。

4. 就业困难人员创业，社保有什么政策？

【政策表述】

对返乡下乡创业创新的就业困难人员、离校未就业高校毕业生以灵活就业方式参加社会保险的，可按规定给予一定社会保险补贴。（国办发〔2016〕84 号）

【政策解读】

如果你是创业创新的就业困难人员或者是离校未就业高校毕业生，以灵活就业方式参加社会保险，可以享受一定的社保补贴。

5. 作为返乡创业的小微企业，招用职工有什么补贴？

【政策表述】

对农民工等人员返乡创办的企业，招用就业困难人员、毕业年度高校毕业生的，按规定给予社会保险补贴。（国办发〔2015〕47号）

【政策解读】

你招用就业困难人员、应届毕业生的，可享受一定的社会保险补贴。

6. 返乡创业，儿女的教育怎么办？

【政策表述】

持有居住证的返乡下乡人员的子女可在创业地接受义务教育，依地方相关规定接受普惠性学前教育。（国办发〔2016〕84号）

【政策解读】

你持有创业地的居住证，你的子女可以在当地接受义务教育，并且可以按地方规定接受学前教育，不用担心子女教育问题，个人创业与子女教育“两不误”。

7. 我创办的企业属于农村电商等新兴产业，有没有社保？

【政策表述】

及时将电子商务等新兴业态创业人员纳入社保覆盖范围。探索完善返乡创业人员社会兜底保障机制，降低创业风险。深化农村社区建设试点，提升农村社区支持返乡创业和吸纳就业的能力，逐步建立城乡社区农民工服务衔接机制。（国办发〔2015〕47号）

【政策解读】

如果你是做农村电商或者其他的新兴业态的创业人员，可以参加社会保险。

十二、互联网有什么作用？

1. 农村电商有啥支持？

【政策表述】

（1）支持返乡下乡人员投资入股参与信息进村入户工程建设和运营，可聘用其作为村级信息员或区域中心管理员。鼓励各类电信运营商、电商等企业面向返乡下乡人员开发信息应用软件，开展农业生产技术培训，提供农资配送、农机作业等农业社会化服务，推介优质农产品，组织开展网络营销。面向返乡下乡人员开展信息技术技能培训。通过财政补贴、政府购买服务、落实税收优惠等政策，支持返乡下乡人员利用大数据、物联网、云计算、移动互联网等新一代信息技术开展创业创新。（国办发〔2016〕84号）

（2）开展电子商务进农村综合示范，支持新型农业经营主体和农产品、农资批发市场对接电商平台，积极发展以销定产模式。完善农村电子商务配送及综合服务网络，着力解决农副产品标准化、物流标准化、冷链仓储建设等关键问题，发展农产品个性化定制服务。开展生鲜农产品和农业生产资料电子商务试点，促进农业大宗商品电子商务发展。（国发〔2015〕40号）

【政策解读】

如果你投资入股参与信息进村入户工程建设和运营，可以优先被聘为村级信息员或区域中心管理员。可以得到各类电信运营商、电商等企业面向返乡下乡人员开发信息应用软件，接受农业生产技术培训和农资配送、农机作业等农业社会化服务，享受信息技术培训、优质农产品推介以及财政补贴、政府购买服务、落实税收优惠等政策。可以对接电商平台，以销定产，发展农产品个性化定制服务。还可以开展生鲜农产品和农业生产资料电子商务试点，发展农业大宗商品电子商务。

2. 我在网络上开店创业（网络商户），有什么政策支持？

【政策表述】

经工商登记注册的网络商户从业人员，同等享受各项就业创业扶持政策。未进行工商登记注册的网络商户从业人员，可认定为灵活就业人员，享受灵活就业人员扶持政策，其中在网络平台实名注册、稳定经营且信誉良好的网络商户创业者，可按规定享受小额担保贷款及贴息政策。（国发〔2015〕24 号）

【政策解读】

你在网上创业，如果办理了工商登记注册，可以同等享受各项创业扶持政策；如果没有办理工商登记注册，可以享受灵活就业人员扶持政策。如果你在网络平台实名注册、稳定经营且信誉良好，可以按规定享受小额担保贷款及贴息政策。

3. 我在创业过程中能得到互联网方面的哪些技术帮助？

【政策表述】

（1）鼓励大型互联网企业和基础电信企业利用技术优势和产业整合能力，向小微企业和创业团队开放平台入口、数据信息、计算能力等资源，提供研发工具、经营管理和市场营销等方面的支持和服务，提高小微企业信息化应用水平，培育和孵化具有良好商业模式的创业企业。（国发〔2015〕40号）

（2）支持引导信息服务商通过云计算、大数据和移动互联网、物联网等信息技术，为小微企业的财务管理、生产过程、采购与营销、质量检验、人力资源管理、客户服务和物流等核心业务发展提供信息化应用服务。（工信部企业〔2015〕167号）

【政策解读】

如果你是小微企业或者是创业团队，可以免费获得大型互联网企业和电信企业的平台入口、数据信息、计算能力等资源，可以享受研发工具、经营管理和市场营销等方面的支持和服务，还可以通过云计算、大数据和移动互联网、物联网等信息技术，享受信息服务商提供的财务管理、生产过程、采购与营销、质量检验、人力资源管理、客户服务和物流等核心业务发展方面的信息化应用服务。

4. 农产品“生产基地＋社区直配”指的是什么?

【政策表述】

加快全国农产品商务信息服务公共平台建设，引导特色农产品主产区县市在第三方电子商务平台开设地方特色馆，推进农产品“生产基地＋社区直配”示范，带动订单农业发展，提高农产品标准化水平。（国办发〔2015〕72号）

【政策解读】

“生产基地＋社区直配”指建立农产品生产基地的智能管理服务平台，提供农产品种植计划、农产品实时产量、采后库存等信息；建立鲜活农产品产销网络对接平台，采集生鲜采购商（生鲜电商、商超、社区店、餐饮、大客户等）的采购信息，并与生产基地进行对接，制定鲜活农产品销售计划；设立农产品体验店、自提点和提货柜，加强与传统鲜活农产品零售渠道的合作，开展农场会员宅配、农产品众筹、社区支持农业等模式探索，建立农产品社区直供系统；自建或依托第三方，建立全程冷链物流配送体系。

十三、该去哪儿的园区和基地创业？

【政策表述】

（1）按照政府搭建平台、平台聚集资源、资源服务创业的思路，依托现有开发区、农业产业园等各类园区以及专业市场、农民合作社、农业规模种养基地等，整合创建一批具有区域特色的返乡下乡人员创业创新园区（基地），建立开放式服务窗口，形成合力。现代农业示范区要发挥辐射带动和示范作用，成为返乡下乡人员创业创新的重要载体。支持中高等院校、大型企业采取众创空间、创新工厂等模式，创建一批重点面向初创期"种子培育"的孵化园（基地），有条件的地方可对返乡下乡人员到孵化园（基地）创业给予租金补贴。（国办发〔2016〕84号）

（2）积极发展众创空间。充分发挥互联网开放创新优势，调动全社会力量，支持创新工场、创客空间、社会实验室、智慧小企业创业基地等新型众创空间发展。充分利用国家自主创新示范区、科技企业孵化器、大学科技园、商贸企业集聚区、小微企业创业示范基地等现有条件，通过市场化方式构建一批创新与创业相结合、线上与线下相结合、孵化与投资相结合的众创空间，为创业者提供低成本、便利化、全要素的工作空间、网络空间、社交空间和资源共享空间。实施新兴产业“双创”行动，建立一批新兴产业“双创”示范基地，加快发展“互联网+”创业网络体系。（国发〔2015〕40号）

【政策解读】

可以创业的园区和基地有好多，这里强调一下，要特别注意到现代农业产业园等各类园区去创业创新。园区要素集中、产业集聚、经营集约，是返乡下乡人员创业创新的有利平台和载体，引导大家到现代农业产业园内进行创业创新，有利于构建“生产+加工+科技”三位一体、上下游产业衔接的新格局，可以更好地促进农村一二三产业深度融合。现有开发区、农业产业园等各类园区以及专业市场、农民合作社、农业规模种养基地等，很多就是返乡下乡和本乡人员的创业园，农业部将形成统一的目录向社会公布，增强各方面支持政策的引导性、精准性和协同性，为创业创新提供可选择的场所、设施条件和便利的服务，依托一些中高等院校、知名村镇、大型企业的见习基地、实训基地、众创空间、创新工厂等建设一批孵化园（基地），可以为创业创新提供价廉物美的孵化服务；有些地方政府还会有一定的租金补贴。另外，现代农业示范区也具备创业创新园区及孵化的功能，成为创业创新的重要阵地。

>>> 附件

国务院办公厅关于支持返乡下乡人员创业创新促进农村一二三产业融合发展的意见

国办发〔2016〕84号

各省、自治区、直辖市人民政府，国务院各部委、各直属机构：

近年来，随着大众创业、万众创新的深入推进，越来越多的农民工、中高等院校毕业生、退役士兵和科技人员等返乡下乡人员到农村创业创新，为推进农业供给侧结构性改革、活跃农村经济发挥了重要作用。返乡下乡人员创业创新，有利于将现代科技、生产方式和经营理念引入农业，提高农业质量效益和竞争力；有利于发展新产业新业态新模式，推动农村一二三产业融合发展；有利于激活各类城乡生产资源要素，促进农民就业增收。在《国务院办公厅关于支持农民工等人员返乡创业的意见》（国办发〔2015〕47号）和《国务院办公厅关于推进农村一二三产业融合发展的指导意见》(国办发〔2015〕93 号)的基础上，为进一步细化和完善扶持政策措施，鼓励和支持返乡下乡人员创业创新，经国务院同意，现提出如下意见。

一、重点领域和发展方向

(一)突出重点领域。鼓励和引导返乡下乡人员结合自身优势和特长，根据市场需求和当地资源禀赋，利用新理念、新技术和新渠道，开发农业农村资源，发展优势特色产业，繁荣农村经济。重点发展规模种养业、特色农业、设施农业、林下经济、庭院经济等农业生产经营模式，烘干、贮藏、保鲜、净化、分等分级、包装等农产品加工业，农资配送、耕地修复治理、病虫害防治、农机作业服务、农产品流通、农业废弃物处理、农业信息咨询等生产性服务业，休闲农业和乡村旅游、民族风情旅游、传统手工艺、文化创意、养生养老、中央厨房、农村绿化美化、农村物业管理等生活性服务业，以及其他新产业新业态新模式。

(二)丰富创业创新方式。鼓励和引导返乡下乡人员按照法律法规和政策规定，通过承包、租赁、入股、合作等多种形式，创办领办家庭农场林场、农民合作社、农业企业、农业社会化服务组织等新型农业经营主体。通过聘用管理技术人才组建创业团队，与其他经营主体合作组建现代企业、企业集团或产业联盟，共同开辟创业空间。通过发展农村电商平台，利用互联网思维和技术，实施"互联网+"现代农业行动，开展网上创业。通过发展合作制、股份合作制、股份制等形式，培育产权清晰、利益共享、机制灵活的创业创新共同体。

（三）推进农村产业融合。鼓励和引导返乡下乡人员按照全产业链、全价值链的现代产业组织方式开展创业创新，建立合理稳定的利益联结机制，推进农村一二三产业融合发展，让农民分享二三产业增值收益。以农牧（农林、农渔）结合、循环发展为导向，发展优质高效绿色农业。实行产加销一体化运作，延长农业产业链条。推进农业与旅游、教育、文化、健康养老等产业深度融合，提升农业价值链。引导返乡下乡人员创业创新向特色小城镇和产业园区等集中，培育产业集群和产业融合先导区。

二、政策措施

（四）简化市场准入。落实简政放权、放管结合、优化服务一系列措施，深化行政审批制度改革，持续推进商事制度改革，提高便利化水平。落实注册资本认缴登记和“先照后证”改革，在现有“三证合一”登记制度改革成效的基础上大力推进“五证合一、一照一码”登记制度改革。推动住所登记制度改革，积极支持各地放宽住所（经营场所）登记条件。县级人民政府要设立“绿色通道”，为返乡下乡人员创业创新提供便利服务，对进入创业园区的，提供有针对性的创业辅导、政策咨询、集中办理证照等服务。对返乡下乡人员创业创新免收登记类、证照类等行政事业性收费。（工商总局等负责）

（五）改善金融服务。采取财政贴息、融资担保、扩大抵押物范围等综合措施，努力解决返乡下乡人员创业创新融资难问题。稳妥有序推进农村承包土地的经营权抵押贷款试点，有效盘活农村资源、资金和资产。鼓励银行业金融机构开发符合返乡下乡人员创业创新需求的信贷产品和服务模式，探索权属清晰的包括农业设施、农机具在内的动产和不动产抵押贷款业务，提升返乡下乡人员金融服务可获得性。推进农村普惠金融发展，加强对纳入信用评价体系返乡下乡人员的金融服务。加大对农业保险产品的开发和推广力度，鼓励有条件的地方探索开展价格指数保险、收入保险、信贷保证保险、农产品质量安全保证保险、畜禽水产活体保险等创新试点，更好地满足返乡下乡人员的风险保障需求。（人民银行、银监会、保监会、农业部、国家林业局等负责）

（六）加大财政支持力度。加快将现有财政政策措施向返乡下乡人员创业创新拓展，将符合条件的返乡下乡人员创业创新项目纳入强农惠农富农政策范围。新型职业农民培育、农村一二三产业融合发展、农业生产全程社会化服务、农产品加工、农村信息化建设等各类财政支农项目和产业基金，要将符合条件的返乡下乡人员纳入扶持范围，采取以奖代补、先建后补、政府购买服务等方式予以积极支持。大学生、留学回国人员、科技人员、青年、妇女等人员创业的财政支持政策，要向返乡下乡人员创业创新延伸覆盖。把返乡下乡人员开展农业适度规模经营所需贷款纳入全国农业信贷担保体系。切实落实好定向减税和普遍性降费政策。（财政部、税务总局、教育部、科技部、工业和信息化部、人力资源社会保障部、农业部、国家林业局、共青团中央、全国妇联等负责）

（七）落实用地用电支持措施。在符合土地利用总体规划的前提下，通过调整存量土地资源，缓解返乡下乡人员创业创新用地难问题。支持返乡下乡人员按照相关用地政策，开展设施农业建设和经营。落实大众创业万众创新、现代农业、农产品加工业、休闲农业和乡村旅游等用地政策。鼓励返乡下乡人员依法以入股、合作、租赁等形式使用农村集体土地发展农业产业，依法使用农村集体建设用地开展创业创新。各省（区、市）可以根据本地实际，制定管理办法，支持返乡下乡人员依托自有和闲置农房院落发展农家乐。在符合农村宅基地管理规定和相关规划的前提下，允许返乡下乡人员和当地农民合作改建自住房。县级人民政府可在年度建设用地指标中单列一定比例专门用于返乡下乡人员建设农业配套辅助设施。城乡建设用地增减挂钩政策腾退出的建设用地指标，以及通过农村闲置宅基地整理新增的耕地和建设用地，重点支持返乡下乡人员创业创新。支持返乡下乡人员与农村集体经济组织共建农业物流仓储等设施。鼓励利用"四荒地"（荒山、荒沟、荒丘、荒滩）和厂矿废弃地、砖瓦窑废弃地、道路改线废弃地、闲置校舍、村庄空闲地等用于返乡下乡人员创业创新。农林牧渔业产品初加工项目在确定土地出让底价时可按不低于所在地土地等别相对应全国工业用地出让最低价标准的 70%执行。返乡下乡人员发展农业、林木培育和种植、畜牧业、渔业生产、农业排灌用电以及农业服务业中的农产品初加工用电，包括对各种农产品进行脱水、凝固、去籽、净化、分类、晒干、剥皮、初烤、沤软或大批包装以供应初级市场的用电，均执行农业生产电价。（国土资源部、国家发展改革委、住房城乡建设部、农业部、国家林业局、国家旅游局、国家电网公司等负责）

（八）开展创业培训。实施农民工等人员返乡创业培训五年行动计划和新型职业农民培育工程、农村青年创业致富"领头雁"计划、贫困村创业致富带头人培训工程，开展农村妇女创业创新培训，让有创业和培训意愿的返乡下乡人员都能接受培训。建立返乡下乡人员信息库，有针对性地确定培训项目，实施精准培训，提升其创业能力。地方各级人民政府要将返乡下乡人员创业创新培训经费纳入财政预算。鼓励各类培训资源参与返乡下乡人员培训，支持各类园区、星创天地、农民合作社、中高等院校、农业企业等建立创业创新实训基地。采取线上学习与线下培训、自主学习与教师传授相结合的方式，开辟培训新渠道。加强创业创新导师队伍建设，从企业家、投资者、专业人才、科技特派员和返乡下乡创业创新带头人中遴选一批导师。建立各类专家对口联系制度，对返乡下乡人员及时开展技术指导和跟踪

服务。（人力资源社会保障部、农业部、教育部、科技部、民政部、国家林业局、国务院扶贫办、共青团中央、全国妇联等负责）

（九）完善社会保障政策。返乡下乡人员可在创业地按相关规定参加各项社会保险，有条件的地方要将其纳入住房公积金缴存范围，按规定将其子女纳入城镇（城乡）居民基本医疗保险参保范围。对返乡下乡创业创新的就业困难人员、离校未就业高校毕业生以灵活就业方式参加社会保险的，可按规定给予一定社会保险补贴。对返乡下乡人员初始创业失败后生活困难的，可按规定享受社会救助。持有居住证的返乡下乡人员的子女可在创业地接受义务教育，依地方相关规定接受普惠性学前教育。（人力资源社会保障部、财政部、民政部、住房城乡建设部、教育部等负责）

（十）强化信息技术支撑。支持返乡下乡人员投资入股参与信息进村入户工程建设和运营，可聘用其作为村级信息员或区域中心管理员。鼓励各类电信运营商、电商等企业面向返乡下乡人员开发信息应用软件，开展农业生产技术培训，提供农资配送、农机作业等农业社会化服务，推介优质农产品，组织开展网络营销。面向返乡下乡人员开展信息技术技能培训。通过财政补贴、政府购买服务、落实税收优惠等政策，支持返乡下乡人员利用大数据、物联网、云计算、移动互联网等新一代信息技术开展创业创新。（农业部、国家发展改革委、工业和信息化部、财政部、商务部、税务总局、国家林业局等负责）

（十一）创建创业园区（基地）。按照政府搭建平台、平台聚集资源、资源服务创业的思路，依托现有开发区、农业产业园等各类园区以及专业市场、农民合作社、农业规模种养基地等，整合创建一批具有区域特色的返乡下乡人员创业创新园区（基地），建立开放式服务窗口，形成合力。现代农业示范区要发挥辐射带动和示范作用，成为返乡下乡人员创业创新的重要载体。支持中高等院校、大型企业采取众创空间、创新工厂等模式，创建一批重点面向初创期“种子培育”的孵化园（基地），有条件的地方可对返乡下乡人员到孵化园（基地）创业给予租金补贴。（农业部、国家发展改革委、科技部、工业和信息化部、财政部、人力资源社会保障部、商务部、文化部、国家林业局等负责）

三、组织领导

（十二）健全组织领导机制。各地区、各有关部门要充分认识返乡下乡人员创业创新的重要意义，作为经济社会发展的重点任务予以统筹安排。农业部要发挥牵头作用，明确推进机构，加强工作指导，建立部门间协调机制，督促返乡下乡人员创业创新政策落实，加强经验交流和推广。地方人民政府要建立协调机制，明确任务分工，落实部门责任，形成工作合力；加强调查研究，结合本地实际，研究制定和落实支持返乡下乡人员创业创新的政策措施。探索建立领导干部定点联系返乡下乡人员创业创新制度，深入了解情况，帮助解决实际问题。（农业部、省级人民政府等负责）

（十三）提升公共服务能力。积极开展面向返乡下乡人员的政策咨询、市场信息等公共服务。推进农村社区综合服务设施和信息平台建设，依托现有的各类公益性农产品市场和园区（基地），为返乡下乡人员创业创新提供高效便捷服务。做好返乡下乡人员创业创新的土地流转、项目选择、科技推广等方面专业服务。利用农村调查系统和农村固定观察点，加强对返乡下乡人员创业创新的动态监测和调查分析。（农业部、国家发展改革委、民政部、人力资源社会保障部、商务部、国家统计局、国家林业局等负责）

（十四）加强宣传引导。采取编制手册、制定明白卡、编发短信微信微博等方式，宣传解读政策措施。大力弘扬创业创新精神，树立返乡下乡人员先进典型，宣传推介优秀带头人，发挥其示范带动作用。充分调动社会各界支持返乡下乡人员创业创新的积极性，广泛开展创业大赛、创业大讲堂等活动，营造良好氛围。（农业部等负责）

国务院办公厅

2016年11月18日

国务院办公厅关于支持农民工等人员返乡创业的意见

国办发〔2015〕47号

各省、自治区、直辖市人民政府，国务院各部委、各直属机构：

支持农民工、大学生和退役士兵等人员返乡创业，通过大众创业、万众创新使广袤乡镇百业兴旺，可以促就业、增收入，打开新型工业化和农业现代化、城镇化和新农村建设协同发展新局面。根据《中共中央国务院关于加大改革创新力度加快农业现代化建设的若干意见》和《国务院关于进一步做好新形势下就业创业工作的意见》（国发〔2015〕23号）要求，为进一步做好农民工等人员返乡创业工作，经国务院同意，现提出如下意见：

一、总体要求

（一）指导思想。全面贯彻落实党的十八大和十八届二中、三中、四中全会精神，按照党中央、国务院决策部署，加强统筹谋划，健全体制机制，整合创业资源，完善扶持政策，优化创业环境，以人力资本、社会资本的提升、扩散、共享为纽带，加快建立多层次多样化的返乡创业格局，全面激发农民工等人员返乡创业热情，创造更多就地就近就业机会，加快输出地新型工业化、城镇化进程，全面汇入大众创业、万众创新热潮，加快培育经济社会发展新动力，催生民生改善、经济结构调整和社会和谐稳定新动能。

（二）基本原则。

——坚持普惠性与扶持性政策相结合。既要保证返乡创业人员平等享受普惠性政策，又要根据其抗风险能力弱等特点，落实完善差别化的扶持性政策，努力促进他们成功创业。

——坚持盘活存量与创造增量并举。要用好用活已有园区、项目、资金等存量资源全面支持返乡创业，同时积极探索公共创业服务新方法、新路径，开发增量资源，加大对返乡创业的支持力度。

——坚持政府引导与市场主导协同。要加强政府引导，按照绿色、集约、实用的原则，创造良好的创业环境，更要充分发挥市场的决定性作用，支持返乡创业企业与龙头企业、市场中介服务机构等共同打造充满活力的创业生态系统。

——坚持输入地与输出地发展联动。要推进创新创业资源跨地区整合，促进输入地与输出地在政策、服务、市场等方面的联动对接，扩大返乡创业市场空间，延长返乡创业产业链条。

二、主要任务

（三）促进产业转移带动返乡创业。鼓励输入地在产业升级过程中对口帮扶输出地建设承接产业园区，引导劳动密集型产业转移，大力发展相关配套产业，带动农民工等人员返乡创业。鼓励已经成功创业的农民工等人员，顺应产业转移的趋势和潮流，充分挖掘和利用输出地资源和要素方面的比较优势，把适合的产业转移到家乡再创业、再发展。

（四）推动输出地产业升级带动返乡创业。鼓励积累了一定资金、技术和管理经验的农民工等人员，学习借鉴发达地区的产业组织形式、经营管理方式，顺应输出地消费结构、产业结构升级的市场需求，抓住机遇创业兴业，把小门面、小作坊升级为特色店、连锁店、品牌店。

（五）鼓励输出地资源嫁接输入地市场带动返乡创业。鼓励农民工等人员发挥既熟悉输入地市场又熟悉输出地资源的优势，借力“互联网＋”信息技术发展现代商业，通过对少数民族传统手工艺品、绿色农产品等输出地特色产品的挖掘、升级、品牌化，实现输出地产品与输入地市场的嫁接。

（六）引导一二三产业融合发展带动返乡创业。统筹发展县域经济，引导返乡农民工等人员融入区域专业市场、示范带和块状经济，打造具有区域特色的优势产业集群。鼓励创业基础好、创业能力强的返乡人员，充分开发乡村、乡土、乡韵潜在价值，发展休闲农业、林下经济和乡村旅游，促进农村一二三产业融合发展，拓展创业空间。以少数民族特色村镇为平台和载体，大力发展民族风情旅游业，带动民族地区创业。

（七）支持新型农业经营主体发展带动返乡创业。鼓励返乡人员共创农民合作社、家庭农场、农业产业化龙头企业、林场等新型农业经营主体，围绕规模种养、农产品加工、农村服务业以及农技推广、林下经济、贸易营销、农资配送、信息咨询等合作建立营销渠道，合作打造特色品牌，合作分散市场风险。

三、健全基础设施和创业服务体系

（八）加强基层服务平台和互联网创业线上线下基

础设施建设。切实加大人力财力投入，进一步推进县乡基层就业和社会保障服务平台、中小企业公共服务平台、农村基层综合公共服务平台、农村社区公共服务综合信息平台的建设，使其成为加强和优化农村基层公共服务的重要基础设施。支持电信企业加大互联网和移动互联网建设投入，改善县乡互联网服务，加快提速降费，建设高速畅通、覆盖城乡、质优价廉、服务便捷的宽带网络基础设施和服务体系。继续深化和扩大电子商务进农村综合示范县工作，推动信息入户，引导和鼓励电子商务交易平台渠道下沉，带动返乡人员依托其平台和经营网络创业。加大交通物流等基础设施投入，支持乡镇政府、农村集体经济组织与社会资本合作共建智能电商物流仓储基地，健全县、乡、村三级农村物流基础设施网络，鼓励物流企业完善物流下乡体系，提升冷链物流配送能力，畅通农产品进城与工业品下乡的双向流通渠道。

（九）依托存量资源整合发展农民工返乡创业园。各地要在调查分析农民工等人员返乡创业总体状况和基本需求基础上，结合推进新型工业化、信息化、城镇化、农业现代化和绿色化同步发展的实际需要，对农民工返乡创业园布局作出安排。依托现有各类合规开发园区、农业产业园，盘活闲置厂房等存量资源，支持和引导地方整合发展一批重点面向初创期“种子培育”的返乡创业孵化基地、引导早中期创业企业集群发展的返乡创业园区，聚集创业要素，降低创业成本。挖掘现有物业设施利用潜力，整合利用零散空地等存量资源，并注意与城乡基础设施建设、发展电子商务和完善物流基础设施等统筹结合。属于非农业态的农民工返乡创业园，应按照城乡规划要求，结合老城或镇村改造、农村集体经营性建设用地或农村宅基地盘整进行开发建设。属于农林牧渔业态的农民工返乡创业园，在不改变农地、集体林地、草场、水面权属和用途前提下，允许建设方通过与权属方签订合约的方式整合资源开发建设。

（十）强化返乡农民工等人员创业培训工作。紧密结合返乡农民工等人员创业特点、需求和地域经济特色，编制实施专项培训计划，整合现有培训资源，开发有针对性的培训项目，加强创业师资队伍建设，采取培训机构面授、远程网络互动等方式有效开展创业培训，扩大培训覆盖范围，提高培训的可获得性，并按规定给予创业培训补贴。建立健全创业辅导制度，加强创业导师队伍建设，从有经验和行业资源的成功企业家、职业经理人、电商辅导员、天使投资人、返乡创业带头人当中选拔一批创业导师，为返乡创业农民工等人员提供创业辅导。支持返乡创业培训实习基地建设，动员知名乡镇企业、农产品加工企业、休闲农业企业和专业市场等为返乡创业人员提供创业见习、实习和实训服务，加强输出地与东部地区对口协作，组织返乡创业农民工等人员定期到东部企业实习，为其学习和增强管理经验提供支持。发挥好驻贫困村“第一书记”和驻村工作队作用，帮助开展返乡农民工教育培训，做好贫困乡村创业致富带头人培训。

（十一）完善农民工等人员返乡创业公共服务。各地应本着“政府提供平台、平台集聚资源、资源服务创业”的思路，依托基层公共平台集聚政府公共资源和社会其他各方资源，组织开展专项活动，为农民工等人员返乡创业提供服务。统筹考虑社保、住房、教育、医疗等公共服务制度改革，及时将返乡创业农民工等人员纳入公共服务范围。依托基层就业和社会保障服务平台，做好返乡人员创业服务、社保关系转移接续等工作，确保其各项社保关系顺畅转移接入。及时将电子商务等新兴业态创业人员纳入社保覆盖范围。探索完善返乡创业人员社会兜底保障机制，降低创业风险。深化农村社区建设试点，提升农村社区支持返乡创业和吸纳就业的能力，逐步建立城乡社区农民工服务衔接机制。

（十二）改善返乡创业市场中介服务。运用政府向社会力量购买服务的机制，调动教育培训机构、创业服务企业、电子商务平台、行业协会、群团组织等社会各方参与积极性，帮助返乡创业农民工等人员解决企业开办、经营、发展过程中遇到的能力不足、经验不足、资源不足等难题。培育和壮大专业化市场中介服务机构，提供市场分析、管理辅导等深度服务，帮助返乡创业人员改善管理、开拓市场。鼓励大型市场中介服务机构跨区域拓展，推动输出地形成专业化、社会化、网络化的市场中介服务体系。

（十三）引导返乡创业与万众创新对接。引导和支持龙头企业建立市场化的创新创业促进机制，加速资金、技术和服务扩散，带动和支持返乡创业人员依托其相关产业链创业发展。鼓励大型科研院所建立开放式创新创业服务平台，吸引返乡创业农民工等各类创业者围绕其创新成果创业，加速科技成果资本化、产业化步伐。鼓励社会资本特别是龙头企业加大投入，结合其自身发展壮大需要，建设发展市场化、专业化的众创空间，促进创新创意与企业发展、市场需求和社会资本有效对接。鼓励发达地区众创空间加速向输出地扩展、复制，不断输出新的创业理念，集聚创业活力，帮助返乡农民工等人员解决创业难题。推行科技特派员制度，建设一批“星创天地”，为农民工等人员返乡创业提供科技服务，实现返乡创业与万众创新有序对接、联动发展。

四、政策措施

（十四）降低返乡创业门槛。深化商事制度改革，落实注册资本登记制度改革，优化返乡创业登记方式，简化创业住所（经营场所）登记手续，推动“一址多照”、集群注册等住所登记制度改革。放宽经营范围，鼓励返乡农民工等人员投资农村基础设施和在农村兴办各类事业。对政府主导、财政支持的农村公益性工程和项目，可采取购买服务、政府与社会资本合作等方式，引导农民工等人员创设的企业和社会组织参与建设、管护和运营。对能够商业化运营的农村服务业，向社会资本全面开放。制定鼓励社会资本参与农村建设目录，探索建立乡镇政府职能转移目录，鼓励返乡创业人员参与建设或承担公共服务项目，支持返乡人员创设的企业参加政府采购。将农民工等人员返乡创业纳入社会信用体系，建立健全返乡创业市场交易规则和服务监管机制，促进公共管理水平提升和交易成本下降。取消和下放涉及返乡创业的行政许可审批事项，全面清理并切实取消非行政许可审批事项，减少返乡创业投资项目前置审批。

（十五）落实定向减税和普遍性降费政策。农民工等人员返乡创业，符合政策规定条件的，可适用财政部、国家税务总局《关于小型微利企业所得税优惠政策的通知》（财税〔2015〕34号）、《关于进一步支持小微企业增值税和营业税政策的通知》（财税〔2014〕71号）、《关于对小微企业免征有关政府性基金的通知》（财税〔2014〕122号）和《人力资源社会保障部财政部关于调整失业保险费率有关问题的通知》（人社部发〔2015〕24号）的政策规定，享受减征企业所得税、免征增值税、营业税、教育费附加、地方教育附加、水利建设基金、文化事业建设费、残疾人就业保障金等税费减免和降低失业保险费率政策。各级财政、税务、人力资源社会保障部门要密切配合，严格按照上述政策规定和《国务院关于税收等优惠政策相关事项的通知》（国发〔2015〕25号）要求，切实抓好工作落实，确保优惠政策落地并落实到位。

（十六）加大财政支持力度。充分发挥财政资金的杠杆引导作用，加大对返乡创业的财政支持力度。对返乡农民工等人员创办的新型农业经营主体，符合农业补贴政策支持条件的，可按规定同等享受相应的政策支持。对农民工等人员返乡创办的企业，招用就业困难人员、毕业年度高校毕业生的，按规定给予社会保险补贴。对符合就业困难人员条件，从事灵活就业的，给予一定的社会保险补贴。对具备各项支农惠农资金、小微企业发展资金等其他扶持政策规定条件的，要及时纳入扶持范围，便捷申请程序，简化审批流程，建立健全政策受益人信息联网查验机制。经工商登记注册的网络商户从业人员，同等享受各项就业创业扶持政策；未经工商登记注册的网络商户从业人员，可认定为灵活就业人员，同等享受灵活就业人员扶持政策。

（十七）强化返乡创业金融服务。加强政府引导，运用创业投资类基金，吸引社会资本加大对农民工等人员返乡创业初创期、早中期的支持力度。在返乡创业较为集中、产业特色突出的地区，探索发行专项中小微企业集合债券、公司债券，开展股权众筹融资试点，扩大直接融资规模。进一步提高返乡创业的金融可获得性，加快发展村镇银行、农村信用社等中小金融机构和小额贷款公司等机构，完善返乡创业信用评价机制，扩大抵押物范围，鼓励银行业金融机构开发符合农民工等人员返乡创业需求特点的金融产品和金融服务，加大对返乡创业的信贷支持和服务力度。大力发展农村普惠金融，引导加大涉农资金投放，运用金融服务“三农”发展的相关政策措施，支持农民工等人员返乡创业。落实创业担保贷款政策，优化贷款审批流程，对符合条件的返乡创业人员，可按规定给予创业担保贷款，财政部门按规定安排贷款贴息所需资金。

（十八）完善返乡创业园支持政策。农民工返乡创业园的建设资金由建设方自筹；以土地租赁方式进行农民工返乡创业园建设的，形成的固定资产归建设方所有；物业经营收益按相关各方合约分配。对整合发展农民工返乡创业园，地方政府可在不增加财政预算支出总规模、不改变专项资金用途前提下，合理调整支出结构，安排相应的财政引导资金，以投资补助、贷款贴息等恰当方式给予政策支持。鼓励银行业金融机构在有效防范风险的基础上，积极创新金融产品和服务方式，加大对农民工返乡创业园区基础设施建设和产业集群发展等方面的金融支持。有关方面可安排相应项目给予对口支持，帮助返乡创业园完善水、电、交通、物流、通信、宽带网络等基础设施。适当放宽返乡创业园用电用水用地标准，吸引更多返乡人员入园创业。

五、组织实施

（十九）加强组织协调。各地区、各部门要高度重视农民工等人员返乡创业工作，健全工作机制，明确任务分工，细化配套措施，跟踪工作进展，及时总结推广经验，研究解决工作中出现的问题。支持农民工等人员返乡创业，关键在地方。各地特别是中西部地区，要结合产业转移和推进新型城镇化的实际需要，制定更加优惠的政策措施，加大对农民工等人员返乡创业的支持力度。有关部门要密切配合，抓好《鼓励农民工等人员返乡创业三年行动计划纲要（2015—2017年）》（见附件）的落实，明确时间进度，制定实施细则，确保工作实效。

（二十）强化示范带动。结合国家新型城镇化综合试点城市和中小城市综合改革试点城市组织开展试点工作，探索优化鼓励创业创新的体制机制环境，打造良好创业生态系统。打造一批民族传统产业创业示范基地、一批县级互联网创业示范基地，发挥示范带动作用。

（二十一）抓好宣传引导。坚持正确导向，以返乡创业人员喜闻乐见的形式加强宣传解读，充分利用微信等移动互联社交平台搭建返乡创业交流平台，使之发挥凝聚返乡创业人员和交流创业信息、分享创业经验、展示创业项目、传播创业商机的作用。大力宣传优秀返乡创业典型事迹，充分调动社会各方面支持、促进农民工等人员返乡创业的积极性、主动性，大力营造创业、兴业、乐业的良好环境。

附件：鼓励农民工等人员返乡创业三年行动计划纲要（2015—2017年）

国务院办公厅

2015年6月17日

（此件公开发布）

附件

鼓励农民工等人员返乡创业三年行动计划纲要

（2015—2017年）

序号	行动计划名称	工作任务	实现路径	责任单位
1	提升基层创业服务能力行动计划	加强基层就业和社会保障服务设施建设，提升专业化创业服务能力	加快建设县、乡基层就业和社会保障服务设施，2017年基本实现主要输出地县级服务设施全覆盖。鼓励地方政府依托基层就业和社会保障服务平台，整合各职能部门涉及返乡创业的服务职能，建立融资、融智、融商一体化创业服务中心。	发展改革委、人力资源社会保障部会同有关部门
2	整合发展农民工返乡创业园行动计划	依托存量资源整合发展一批农民工返乡创业园	以输出地市、县为主，依托现有开发区和农业产业园等各类园区、闲置土地、厂房、校舍、批发市场、楼宇、商业街和科研培训设施，整合发展一批农民工返乡创业园。	发展改革委、人力资源社会保障部、住房城乡建设部、国土资源部、农业部、人民银行

（续）

序号	行动计划名称	工作任务	实现路径	责任单位
3	开发农业农村资源支持返乡创业行动计划	培育一批新型农业经营主体，开发特色产业，保护与发展少数民族传统手工艺，促进创业	将返乡创业与发展县域经济结合起来，培育新型农业经营主体，充分开发一批农林产品加工、休闲农业、乡村旅游、农村服务业等产业项目，促进农村一二三产业融合；面向少数民族农牧民群众开展少数民族传统工艺品保护与发展培训。	农业部、林业局、国家民委、发展改革委、民政部、扶贫办
4	完善基础设施支持返乡创业行动计划	改善信息、交通、物流等基础设施条件	加大对农村地区的信息、交通、物流等基础设施的投入，提升网速、降低网费；支持地方政府依据规划，与社会资本共建物流仓储基地，不断提升冷链物流等基础配送能力；鼓励物流企业完善物流下乡体系。	发展改革委、工业和信息化部、交通运输部、财政部、国土资源部、住房城乡建设部
5	电子商务进农村综合示范行动计划	培育一批电子商务进农村综合示范县	全国创建200个电子商务进农村综合示范县，支持建立完善的县、乡、村三级物流配送体系；建设改造县域电子商务公共服务中心和村级电子商务服务站点；支持农林产品品牌培育和质量保障体系建设，以及农林产品标准化、分级包装、初加工配送等设施建设。	商务部、交通运输部、农业部、财政部、林业局

（续）

序号	行动计划名称	工作任务	实现路径	责任单位
6	创业培训专项行动计划	推进优质创业培训资源下县乡	编制实施专项培训计划，开发有针对性的培训项目，加强创业培训师资队伍建设，采取培训机构面授、远程网络互动等方式，对有培训需求的返乡创业人员开展创业培训，并按规定给予培训补贴；充分发挥群团组织的组织发动作用，支持其利用各自资源对农村妇女、青年开展创业培训。	人力资源社会保障部、农业部会同有关部门及共青团中央、全国妇联等群团组织
7	返乡创业与万众创新有序对接行动计划	引导和推动建设一批市场化、专业化的众创空间	推行科技特派员制度，组织实施一批“星创天地”，为返乡创业人员提供科技服务。充分利用国家自主创新示范区、国家高新区、科技企业孵化器、大学科技园和高校、科研院所的有利条件，发挥行业领军企业、创业投资机构、社会组织等作用，构建一批众创空间。鼓励发达地区众创空间加速向输出地扩展，帮助返乡人员解决创业难题。	科技部、教育部

农业部办公厅　共青团中央办公厅人力资源社会保障部办公厅关于开展农村青年创业富民行动的通知

农办加〔2015〕17 号

为贯彻落实《国务院关于进一步做好新形势下就业创业工作的意见》（国发〔2015〕23 号）、《国务院关于大力推进大众创业万众创新若干政策措施的意见》（国发〔2015〕32 号）、《国务院办公厅关于支持农民工等人员返乡创业的意见》（国办发〔2015〕47 号）等文件精神，积极发挥农村青年在创业创新中的生力军作用，促进现代农业发展和农民增收致富，农业部办公厅、共青团中央办公厅、人力资源社会保障部办公厅决定共同开展农村青年创业富民行动。现就有关事项通知如下。

一、重要意义

（一）农村青年创业富民行动是推进大众创业万众创新的重要举措。农村青年群体数量多、干劲足、能吃苦、敢拼搏，他们中很多人懂经营、有技术、会管理，有一定资金、经验和人脉积累，就业创业和发展致富愿望强，是大众创业重要的组成力量，是万众创新广泛的活力源泉。开展农村青年创业富民行动，就是要通过整合创业资源，落实创业政策，优化创业环境，吸引广大青年在农村创业兴业、激发农村青年创造创新力，大力支持农村青年投身现代农业和社会主义新农村建设，加快建立多层次多样化的农村青年创业格局，掀起农村青年创业热潮，创造更多就地就近就业机会，积极推进农业现代化、新型城镇化、城乡一体化进程，全面汇入大众创业、万众创新热潮，培育经济社会发展新动力，催生民生改善、经济结构调整和社会和谐稳定新动能。

（二）农村青年创业富民行动是促进现代农业发展和农民增收致富的有力支撑。随着工业化、城镇化进程不断加快，大量素质高、年龄轻的农村劳动力选择了外出务工的发展道路，农村人才的流失呈加速状态，农村劳动力特别是农业劳动力年龄偏大、文化素质偏低、性别结构失衡等问题日益突出，“靠谁种地、谁来种地”将成为现代农业发展的瓶颈。与此同时，农业受生产成本“地板”和价格“天花板”双重挤压，农民工人数和工资增幅呈“双下降”趋势，农民增收形势不容乐观。

开展农村青年创业富民行动就是要站在建设现代农业必须后继有人的战略高度，立足于助推农业强、农村美、农民富和“老乡”全面建成“小康”的核心目标，大力培养一批奋发有为、立志献身农业的农村青年，发挥他们在加快转变农业发展方式、促进农民持续增收的骨干和示范带动作用，为农村造就一批沉得下、留得住、用得上的创业群体。

（三）农村青年创业富民行动是青年成长成才的有效途径。“三农”工作是全党、全国和全部工作的重中之重。近年来，国家强农惠农富农扶持政策进一步加大，实现粮食生产发展“十一连增”、农民收入增加“十一连快”，农业农村经济保持良好的发展势头。在这个过程中，广大农村青年主动作为、贡献突出。开展农村青年创业富民行动，就是要为农村青年发展创造条件、搭建平台，支持农村青年创业，大力发展规模经营、集约经营，发展绿色农业、特色农业，走综合发展、可持续发展之路；支持农村青年创新，积极运用互联网等新的科学技术，树立新的生产经营理念，引入新的产业形态，推广新的营销模式；支持农村青年致富，创办有特色的新型经营主体，把产业链、供应链、价值链等现代产业发展理念和组织方式引入农业，生产高效、优质、安全农产品，卖出好价钱，带动农民增收，实现人生价值。

二、总体要求

（一）基本思路。深入贯彻落实党中央、国务院关于创业创新一系列方针政策，以促进农村青年创业就业、带动农民增收致富为目标，以农村青年为主体，以县（市）乡（镇）为重点区域，支持农村青年创办领办家庭农场、农民合作社和小微企业等市场主体，发展设施农业、规模种养业、农产品加工业、民俗民族工艺产业、休闲农业与乡村旅游、农产品流通与电子商务、养老家政服务、生产资料供应服务等农村一二三产业，充分发挥市场在资源配置中的决定性作用和更好发挥政府作用，加强政策扶持、产业指导和创业服务，加快形成有利于农村青年创业的良好氛围，让千千万万农村青年创业者活跃起来，以产业促创业、创业促增收、创新促发展，成为创业兴业、致富一方的新型农民，为推进农业强、农村美、农民富和全面建成小康社会提供有力支撑。

（二）主要目标。计划从2015年10月开始，分三个阶段推进。动员部署阶段（2015年10—12月）。各地制订具体实施方案，积极发动，部署落实。全面实施阶段（2016 年 1—12 月）。认真组织实施，探索载体模式，强化政策支持，抓好任务落实。深入推进阶段（2017 年 1—12 月）。加强督促检查，总结推广成功经验，分析存在问题，不断完善政策和工作机制，将创业富民行动引向深入。力争通过三年努力（2015—2017 年），形成一批农村青年创业支持政策、推广一批创业致富模式、培育一批创业致富带头人、实施一个电商培育工程、开展一个大学生返乡创业行动、完善一批创业服务平台，形成农村青年创业发展新格局，带动农民增收致富。

三、主要任务

（一）认真落实创业创新政策。认真贯彻国家扶持创业创新的各项政策，落实好创业担保贷款、定向减税、普遍性降费、“三证合一”、创业投资引导基金、就业创业服务补贴、农民工技能提升培训等扶持政策，落实为采用众创、众包、众扶、众筹支撑平台的小微企业免费提供相关服务的政策。面向农村青年加强政策宣贯，注重与有关部门配合，强化督查落实，打通政策落实“最后一公里”，确保各项优惠政策落地生根。积极推动各地从实际出发，加强调查研究，制定更加优惠的支持政策，推动强农惠农富农政策和项目涵盖农村青年创业领域。支持农村青年创办、领办农民合作社和家庭农场等新型农业经营主体，积极创建休闲农业示范点、农产品加工合作社示范单位、主食加工示范企业等，农产品产地初加工补助政策向农村青年创业重点倾斜。将农村青年创业与发展县域经济、促进农村一二三产业融合结合起来，大力发展劳动密集型产业和特色农业项目，推动强化财政扶持和金融服务，做强一产、做优二产、做活三产，带动农民增收致富。

（二）大力加强创业培训和技术指导。围绕县域经济和农村一二三产业融合发展，利用现有培训项目、资源网络、先进的远程传输手段、远程教育服务平台和培训机构，大力开展创业培训，增强农村青年发展农产品加工、休闲农业、乡村旅游、市场流通、农村服务业的能力。组织专家深入基层企业和合作社，了解农村青年创业过程中的技术需求和产业难题，组织涉农院校、农业科研院所的专家或各级农技人员，加强技术指导和跟踪服务。针对农村青年创业实际，依托现有服务机构，通过政府购买服务、项目招投标等方式健全服务功能，整合社会资源，提供综合性服务。充分发挥大专院校、科研院所、行业协会和社会中介组织的作用，开展管理指导、技能培训、研发设计、检验检测、技术推广、市场拓展、标准咨询、检验检测认证等行业服务以及政策、资金、法律、知识产权、财务、商标、技术等专业化服务。

（三）积极培养农村青年致富带头人。持续开展“大学生返乡创业行动”等工作项目，深入推动农村青年创业致富“领头雁”培养计划，充分发挥农村青年致富带头人骨干引领作用，示范带动更多农村青年创业致富。按照争取村村都有带头人，县县都有带头人协会的要求，抓住国家把青年农民纳入实用人才培养计划的机遇，整合政府、企业、社会和团属培训资源，积极开展有针对性的业务技能培训。建立团干部联系点制度，推动乡镇团委委员与培养对象结成帮扶对子，了解培养对象实际需求，推动解决实际问题。组织带头人参与各级政府部门与带头人“倾听心声共促发展”活动，了解国家强农惠农富农具体政策，反映农村青年创业实际需求，积极争取有关支持。

（四）加快发展农村青年电商创业。以实施农村青年电商培育工程为抓手，引导广大农村青年运用电子商务创业就业、增收致富。支持农村青年电商与涉农企业、农民合作社、家庭农场等加强合作，开展网店货源对接，并利用第三方电子商务平台，通过设立专馆、专题展销活动等，打造农村青年电商网络展销平台或网络集市，拓宽特色品牌农产品的销售渠道。组织青年参与“电子商务进农村综合示范”和农村市场体系建设工作，将农村青年创办的符合条件的电商企业纳入电子商务示范企业，支持农村青年领创建县级区域电商服务中心和乡镇服务站、村级服务点。依托各级涉农创业青年协会组织，推动成立电子商务分会，为农村青年电商提供沟通交流平台。引导和鼓励行业龙头企业、大型物流企业发挥优势，拓展乡村信息资源、物流仓储等技术和服务网络，为农村青年创业提供支撑。

（五）建立健全创业服务平台。按照政府搭建平台、平台聚集资源、资源服务创业的要求，依托基层就业和社会保障设施等公共服务平台，积极搭建公共创业服务平台，支持各类创业园区和新型孵化模式发展，推动创业担保贷款、减税降费等政策惠及农村青年创业。搭建资源对接平台，通过开展各层级创业创富大赛、农村青年考察交流活动，积聚更多创业资源，促进项目、资金、技术、人才、信息等有效对接，激发青年创业潜能。结合全国性、地方性的农业行业展会和各地农产品博览会，开展农村青年创业产品展示展销推介和创业大赛活动，提升产品的品牌影响力。搭建农村青年创业见习平台，依托农业企业、涉农高校和科研院所，指导创建农村青年创业园区，为农村青年提供实习见习、创业实训或孵化等服务。

四、组织保障

（一）加强组织领导。各有关部门要把支持农村青年创业、促进农民增收致富作为重要任务来抓，切实增强责任感使命感，研究制定具体方案，明确工作职责，找准工作切入点，认真扎实推进，把各项工作落到实处。

（二）加强协调配合。推动建立部门间、上下间工作协调机制，形成统一部署、分工负责、合力推动、层层落实的工作格局。农业部门重点做好产业项目扶持、技术服务指导等工作，共青团部门重点做好农村青年致富带头人培养、农村青年电商培育工程等工作，人力资源与社会保障部门重点做好政策指导、平台建设等工作。

（三）加强宣传引导。利用电视台、广播、报纸等传统媒体以及微信、微博、QQ群等新媒体，广泛宣传创业创新政策以及农村青年创富经验，发挥典型示范作用，扩大社会影响。选树一批优秀农村青年创业富民典型，激发农村青年的创业热情，辐射带动更多农民创业致富。

农业部办公厅

共青团中央办公厅

人力资源社会保障部办公厅

2015年10月28日

相关文件目录

1.《国务院关于积极推进“互联网+”行动的指导意见》(国发〔2015〕40 号)

2.《国务院关于扶持小型微型企业健康发展的意见》(国发〔2014〕52 号)

3.《国务院关于加快发展生产性服务业促进产业结构调整升级的指导意见》(国发〔2014〕26 号)

4.《国务院关于大力发展电子商务加快培育经济新动力的意见》(国发〔2015〕24 号)

5.《国务院关于加快发展生产性服务业促进产业结构调整升级的指导意见》(国发〔2014〕26 号)

6.《国务院办公厅关于完善支持政策促进农民持续增收的若干意见》国办发〔2016〕87 号

7.《国务院办公厅关于支持返乡下乡人员创业创新促进农村一二三产业融合发展的意见》(国办发〔2016〕84 号)

8.《国务院办公厅关于加快推进“五证合一、一照一码”登记制度改革的通知 》(国办发〔2016〕53 号)

9.《国务院办公厅关于完善国家级经济技术开发区

考核制度促进创新驱动发展的指导意见》（国办发〔2016〕14号）

10.《国务院办公厅关于推进线上线下互动加快商贸流通创新发展转型升级的意见》（国办发〔2015〕72号）

11.《国务院办公厅关于支持农民工等人员返乡创业的意见》（国办发〔2015〕47号）

12.《国务院关于大力推进大众创业万众创新若干政策措施的意见》（国发〔2015〕32号）

13.《国务院办公厅关于发展众创空间推进大众创新创业的指导意见》（国办发〔2015〕9号）

14.《农业部办公厅、共青团中央办公厅、人力资源社会保障部办公厅关于开展农村青年创业富民行动的通知》（农办加〔2015〕17号）

15.《工业和信息化部关于做好推动大众创业万众创新工作的通知》（工信部企业〔2015〕167号）

16.《国土资源部 发展改革委 科技部 工业和信息化部 住房城乡建设部 商务部关于支持新产业新业态发展促进大众创业万众创新用地的意见》（国土资规〔2015〕5号）

17.《工业和信息化部关于印发〈国家小型微型企

业创业创新示范基地建设管理办法〉的通知》工信部企业〔2016〕194 号

18.《商务部等 19 部门关于加快发展农村电子商务的意见》（国办发〔2015〕78 号）